Die Rolle der gefallenen Bundeswehr-Soldaten in der politischen Evaluation des Afghanistan-Einsatzes

G R I N ☺

Bibliografische Information der Deutschen Nationalbibliothek:

Die Deutsche Nationalbibliothek verzeichnet diese Publikation in der Deutschen Nationalbibliografie; detaillierte bibliografische Daten sind im Internet über http://dnb.d-nb.de abrufbar.

ISBN: 9783346736536
Dieses Buch ist auch als E-Book erhältlich.

Druck und Bindung: Books on Demand GmbH, Norderstedt Germany
Gedruckt auf säurefreiem Papier aus verantwortungsvollen Quellen

Das vorliegende Werk wurde sorgfältig erarbeitet. Dennoch übernehmen Autoren und Verlag für die Richtigkeit von Angaben, Hinweisen, Links und Ratschlägen sowie eventuelle Druckfehler keine Haftung.

Das Buch bei GRIN: https://www.grin.com/document/1280514

Schon vergessen?

- Die Rolle der gefallenen Bundeswehr-Soldaten in der politischen Evaluation des Afghanistan-Einsatzes

Hausarbeit

Abgabe am:

07.12.2021

Inhaltsverzeichnis

1. Einleitung

Nach den Anschlägen vom 11. September 2001 beschloss der Bundestag, dass Soldaten der Bundeswehr am internationalen Afghanistan-Einsatz teilnehmen sollten, um dort im Rahmen der UN-Resolution 1368 Terrorismus zu bekämpfen und Frieden zu etablieren [1]. Der Einsatz, der laut dem Beschluss des Bundestages vom 22. Dezember 2001 für eine Dauer von sechs Monaten vorgesehen war, dauerte bis zum 26. August 2021 an und somit beinahe 20 Jahre länger als ursprünglich vorgesehen.

Für die Bundeswehr war der Afghanistan-Einsatz von größter Bedeutung, da er maßgeblich zur Identitätsbildung der deutschen Streitkräfte beitrug [2]. Ein ausschlaggebender Faktor für diese Bedeutung liegt in der Anzahl der im Rahmen des Einsatzes gefallenen Soldaten. 59 Soldaten der Bundeswehr kehrten nicht lebendig nach Deutschland zurück, eine so hohe Anzahl von Toten weist kein anderer Einsatz der Bundeswehr auf [3]. Die erneute Machtübernahme der Taliban rückt diese Zahl auf tragische Weise abermals in den Vordergrund. Die deutsche Politik, die Bundeswehr und die gesamte deutsche Gesellschaft versuchen eine Antwort darauf zu finden, ob der Afghanistan-Einsatz ein Erfolg war oder die 59 Soldaten umsonst ihr Leben ließen [4]. In meiner Hausarbeit möchte ich die Rolle der toten Bundeswehr-Soldaten in dieser Debatte beleuchten. Folgende Fragen möchte ich im Rahmen meiner Analyse beantworten:

Stehen die gefallenen Soldaten im Rampenlicht der Debatte oder werden sie vergessen? Wie nehmen die verschiedenen Parteien die Arbeit und das Opfer der Soldaten wahr? Welche Konsequenzen zieht die Politik aus ihrem Tod? Wie geht die Gesellschaft mit den Toten und dem Gedenken durch die Bundeswehr um? Ist der Zapfenstreich vom 13.10.2021 eine angemessene Würdigung für den Dienst der Soldaten? Wie äußern sich Bundeswehr-Veteranen zum öffentlichen Gedenken ihrer gefallenen Kameraden?

---

[1] https://www.bpb.de/politik/grundfragen/deutsche-verteidigungspolitik/238332/afghanistan-einsatz , https://www.bundeswehr.de/de/aktuelles/meldungen/evakuierung-afghanistan , https://www.un.org/depts/german/sr/sr_01-02/sr1368.pdf

[2] https://www.bmvg.de/de/bilanz-zum-afghanistan-einsatz

[3] https://www.bundeswehr.de/de/ueber-die-bundeswehr/gedenken-tote-bundeswehr/todesfaelle-bundeswehr

[4] https://www.bundeswehr.de/de/aktuelles/mediathek/afghanistan-einsatz-zwei-veteranen-blicken-zurueck-5229780 , https://www.bundespraesident.de/SharedDocs/Reden/DE/Frank-Walter-Steinmeier/Reden/2021/10/211013-Wuerdigung-Afghanistan-Einsatz.html?nn=9042544

Um diese Fragen adäquat zu beantworten, werde ich zum einen die politische und zum anderen die mediale Debatte analysieren. Für die Analyse der politischen Debatte werde ich exemplarisch die Bundestagsdebatte „Zum geordneten Rückzug der NATO-Truppen aus Afghanistan" untersuchen. Als Beispiel für die mediale Debatte über die gefallenen Bundeswehr-Soldaten und die Wahrnehmung der Erinnerungskultur der Bundeswehr soll die Debatte um den Zapfenstreich am 13.10.2021 dienen. Als repräsentative Quellen nutze ich digitale Artikel öffentlich-rechtlicher und privat-verlegter Medien. Um die Ergebnisse von diesem Teil meiner Analyse einzuordnen und nachzuvollziehen, werde ich die Monographie „Bedingt erinnerungsbereit - Soldatengedenken in der Bundesrepublik" zu Rate ziehen. In meinem Fazit werde ich meine Ergebnisse zusammenfassen und die bereits erwähnten Fragen beantworten.

2. Rolle der gefallenen Bundeswehr-Soldaten in der politischen Debatte

2.1 Der Afghanistan-Einsatz der Bundeswehr

20 Jahre lang beteiligten sich deutsche Soldaten zuerst an der internationalen Mission „ISAF" (International Security Assistance Force), mit dem Ziel, die innere Sicherheit Afghanistans zu gewährleisten und die afghanischen Streitkräfte auf die Übernahme dieser Aufgabe vorzubereiten [5]. Anschließend beteiligte sie sich ab dem 1. Januar 2015 an der an „ISAF" anknüpfende Mission „Resolute Support", welche darauf ausgerichtet war, die afghanischen Sicherheitskräfte auszubilden und in der Ausübung ihrer Aufgaben zu unterstützen [6]. Nach einem Beschluss der NATO aus dem April 2021 endete „Resolute Support" für die deutschen Soldaten am 30. Juni 2021.[7] Nachdem Deutschland und seine Verbündeten sich aus Afghanistan zurückgezogen hatten, starteten die Taliban, afghanische Islamisten und der Hauptfeind der internationalen Friedenstruppen, eine erfolgreiche Gegenoffensive, welche in der Eroberung Kabuls am 15. August 2021 gipfelte [8]. Nach dieser rasanten Entwicklung mussten abermals Soldaten der Bundeswehr nach Afghanistan reisen, um deutsche Staatsangehörige und afghanische Ortskräfte vom Flughafen in Kabul aus zu evakuieren.[9] Diese spontane Evakuierungsaktion dauerte vom 16.08 - 26.08.2021 an, sie markiert das Ende des deutschen Einsatzes in Afghanistan.

---

[5] https://www.nato.int/cps/en/natohq/topics_69366.htm

[6] https://www.nato.int/cps/en/natohq/topics_113694.htm

[7] https://www.bundestag.de/ausschuesse/a12_Verteidigung/auslandseinsaetze/auslandseinsaetze/rsm-542550 , https://www.bpb.de/politik/hintergrund-aktuell/334345/nach-20-jahren-nato-truppenabzug-aus-afghanistan

[8] https://www.bpb.de/politik/extremismus/islamismus/36377/taliban , https://lordslibrary.parliament.uk/timeline-of-taliban-offensive-in-afghanistan/

[9] https://www.bundesregierung.de/breg-de/suche/afghanistan-aktuell-1951410

2.2 einleitende Worte zu der angewandten Verfahrensweise und verwendeten Quelle

Als primäre Quelle für die Ermittlung der Rolle der Verstorbenen in der politischen Debatte werde ich die Bundestagsdebatte „Zum geordneten Rückzug der NATO-Truppen aus Afghanistan" aus der Bundestagssitzung am 23. Juni 2021 verwenden [10]. Der Wert dieser Quelle wird dadurch beeinträchtigt, dass sie vor der Rückeroberung Kabuls durch die Taliban und der folgenden internationalen Evakuierungsaktion stattfand. Dennoch kommen in ihr die grundlegenden Kriterien zum Ausdruck, nach denen die, für ihre jeweiligen Parteien repräsentativen, Redner den Einsatz bewerten. Da Redner unterschiedlicher Parteien Beiträge vortrugen, bietet sich die Möglichkeit, die Rolle der verstorbenen Soldaten für die einzelnen Parteien zu ermitteln. Zur Schaffung einer inhaltlichen Struktur werde ich die Redebeiträge geordnet nach den Parteien der Redner betrachten, auch wenn sie in der Debatte nicht aufeinander folgen.

2.3 Bundestagsfraktion der CDU/CSU

Vor dem eigentlichen Beginn der Debatte leitet der damalige Bundestagspräsident Dr. Wolfgang Schäuble (CDU/CSU) in die Debatte ein. Er verweist auf die Anwesenheit mehrerer Bundeswehr Veteranen im Saal, die im Rahmen von „Resolute Support" in Afghanistan dienten. Schäuble versichert, dass der Dienst verstorbener und lebend zurückgekehrter Soldaten nicht vergessen werde [11]. Im Anschluss an diese Würdigung verkündet er, dass die folgende Debatte lediglich der Beginn einer Auswertung des Einsatzes sei und man aus den gemachten Erfahrungen Lehren ziehen werde. Seine Parteikollegin und Verteidigungsministerin Annegret Kramp-Karrenbauer würdigt in ihrer Rede im weiteren Verlauf der Debatte ebenfalls das von den Soldaten erbrachte Opfer. Sie erwähnt drei Soldaten namentlich, welche am 23. Juni 2009 fielen und schlägt vor

---

[10] https://dserver.bundestag.de/btp/19/19235.pdf#P.30402 , https://www.bundestag.de/dokumente/textarchiv/2021/kw25-de-aktuelle-stunde-afghanistan-846928 , https://www.youtube.com/watch?v=qkaI2cFvvZs

[11] https://dserver.bundestag.de/btp/19/19235.pdf#P.30402 (S.27; (A), (B))

ihnen die Debatte zu widmen[12]. Dr. Johann David Wadephul (CDU/CSU) richtet sich dankend an zurückgekehrte und verstorbene Soldaten In seinen Ausführungen bedankt er sich für die, seines Ermessens nach, gute Arbeit der Bundeswehr und ruft dazu auf, die verletzten und verstorbenen Soldaten als Mahnmal für eine durchdachte Verteidigungspolitik zu interpretieren[13]. Der nächste Redner der CDU/CSU, Henning Otte, verweist in seinem Beitrag darauf, dass die gefallenen Soldaten die Abgeordneten an den möglichen Preis einer militärischen Intervention erinnern sollten und ruft dazu auf, ihnen zu gedenken [14] Der nächste Beitrag der CDU/CSU stammt von Gisela Manderla. In ihm ruft sie, ähnlich wie ihre Parteikollegen, zu Dankbarkeit gegenüber den Soldaten auf und legt es den Zuhörern nahe, sich näher mit den Erfahrungen der Soldaten in Afghanistan zu befassen [15]. Ihre Erinnerung an die gefallenen Soldaten sticht durch eine abschließende Erwähnung des Gedenkschreins der Bundeswehr aus Masar-i-Scharif hervor, welcher für die Erinnerungskultur innerhalb der Bundeswehr von großer Bedeutung ist [16]. Der letzte Beitrag aus den Reihen der CDU/CSU stammt von Christian Schmidt. Er bringt in seiner Rede, neben einer Danksagung an die Soldaten für ihren Dienst, eine persönliche Erfahrung mit dem Tod eines Soldaten im Einsatz ein. So berichtet er davon, an einem Transport eines verstorbenen Soldaten zurück nach Deutschland teilgenommen zu haben [17]. Um die diversen Beiträge der Abgeordneten der CDU/CSU zusammenzufassen, lässt sich feststellen, dass in allen Beiträgen die Arbeit der Soldaten dankend erwähnt wird. Ein anderer Aspekt, der die Rolle der gefallenen Soldaten in den Beiträgen der CDU/CSU prägt, ist die Verleihung eines Symbolcharakters an die Gefallenen, sowie die Feststellung, dass ihr Schicksal einen maßgeblichen Einfluss auf die Wahrnehmung des Einsatzes durch die Abgeordneten hatte.

2.4 Bundestagsfraktion der SPD

Den ersten Beitrag der SPD leistet Aydan Özoğuz, sie verweist in ihm auf die Konsequenzen, die der Tod der gefallenen Soldaten für deren Angehörige und deren Freundeskreis hatte. Laut ihr

---

[12] https://dserver.bundestag.de/btp/19/19235.pdf#P.30402 (S.29 - (C), (D); S.30 - (D))

[13] ebd. (S.36 - (D); S.37 - (A))

[14] ebd. (S.38 - (C))

[15] ebd. (S.40 - (C)

[16] ebd. (S.41 - (A))

[17] ebd. (S.41 - (D); S.42 - (A))

würden die Abgeordneten des Bundestages in der Verantwortung stehen, ihr Andenken zu wahren [18]. Die zweite Rede der SPD hält der Bundesaußenminister Heiko Maas. Heiko Maas bedankt sich für den Dienst der Soldaten und versichert, dass der Dienst, den die Soldaten dem deutschen und afghanischen Volk erwiesen haben, wertgeschätzt werde und nachhaltige positive Veränderungen herbeigeführt hat. Konkret bezieht er sich in letzterem Punkt auf die Situation in Afghanistan und die Demonstration von Deutschlands Hilfsbereitschaft gegenüber anderen Nationen [19]. Den nächsten Beitrag der SPD trägt Dr. Fritz Felgentreu vor. Er nennt in seinem Beitrag die drei Soldaten namentlich, die Verteidigungsministerin Kramp-Karrenbauer in ihrer Rede bereits erwähnt hatte. Felgentreu sieht sich und die anderen Abgeordneten in der Pflicht, zu ergründen, wofür die 59 Soldaten ihr Leben ließen[20]. Der letzte Redebeitrag aus den Reihen der SPD stammt von Christoph Matschie. Er geht neben einer kurzen, dankenden, indirekten Erwähnung nicht näher auf die verstorbenen Soldaten ein [21]. Den verstorbenen Soldaten wird in allen SPD-Beiträgen für ihren Dienst gedankt. Analog zu der Rolle, die die Redner der CDU/CSU den Soldaten zuweisen, spricht sich auch die SPD dafür aus, den Soldaten eine symbolische Bedeutung zu verleihen. Dr. Fritz Felgentreu sieht in ihnen beispielsweise eine Verpflichtung für die Abgeordneten, Sinn und Folgen des Afghanistan-Einsatzes zu erörtern. Ein auffälliger Unterschied zwischen den Reden der CDU/CSU und SPD besteht darin, dass letztere in ihren Reden weitaus weniger persönlich über die Soldaten sprechen und stattdessen ein besonderes Augenmerk auf die Folgen des Todes der Soldaten für ihr Umfeld, die Politik im Allgemeinen und das Schicksal Afghanistans legen.

2.5 Bundestagsfraktion der AfD

Auf die Rede von Aydan Özoğuz folgt die erste Rede der AfD-Fraktion, vorgetragen von Armin Paulus Hampel. In seiner Rede bilden die verstorbenen Soldaten einen bedeutenden Teil der Basis seiner Argumentation. Er verweist gleich im Anschluss an seine Begrüßung auf sie und diejenigen, die in irgendeiner Weise von ihrem Tod betroffen waren. Anschließend behauptet er,

---

[18]https://dserver.bundestag.de/btp/19/19235.pdf#P.30402 (S.27 - (C), (D))

[19] ebd. (S.34 - (A), (B))

[20] ebd. (S.37 - (C); S.38 - (A))

[21] ebd. (S.39 - (A))

die Tode wären vermeidbar gewesen, hätte die deutsche Politik anders gehandelt. Seines Erachtens nach lägen die Wurzeln der in Afghanistan aufgetretenen Probleme in der deutschen Bundespolitik, welche eher hinderliche Einflüsse auf die Arbeit der Soldaten gehabt hätte [22]. Die zweite Rede der AfD hielt der Abgeordnete Rüdiger Lucassen, ein ehemaliger Oberst in der Bundeswehr [23], er erwähnt den Dienst der Soldaten nicht in seiner Rede und verweist nur kurz und indirekt auf den Tod von Soldaten. Ihnen kommt in seiner Rede nur eine äußerst beiläufige Rolle zu, indem er sie in seine Behauptung eingliedert, die Bundesregierung würde mit Menschen verhandeln, die jahrelang Angriffe auf deutsche Soldaten verübt hätten. In den Reden der AfD spielt der Dank gegenüber dem Dienst der Soldaten eine nebensächliche bis gar keine Rolle. Viel mehr wird ihnen eine Opferrolle zugeteilt, weil sie zu Instrumenten einer angeblich, erfolglosen Außenpolitik der Bundesregierung wurden [24]. Das Schicksal der Soldaten wird von den Abgeordneten der AfD als eine rhetorische Basis für Anschuldigungen gegen die Bundesregierung genutzt. Ob sie für sie auch eine persönliche Bedeutung hatten, wie beispielsweise für die Abgeordneten der CDU/CSU, wird in ihren Beiträgen nicht deutlich.

2.6 Bundestagsfraktion der FDP

Den Beitrag der FDP zu der Debatte über den Afghanistan-Einsatz leistet Bijan Djir-Sarai. Er bedankt sich gleich zu Beginn seiner Rede für den Dienst der Soldaten. In seiner Rede berichtet er anschließend von einem Besuch bei der Bundeswehr in Afghanistan, welcher zum Zeitpunkt des Karfreitagsgefechts stattfand. Er sagt, dass dieser kritische Punkt in der Geschichte des Afghanistan-Einsatzes und seine Folgen seine persönliche Perspektive des Einsatzes geprägt hätten. Im folgenden Abschnitt seiner Rede mahnt er, dass die Soldaten, die in Afghanistan dienten, der Politik eine Bilanzierung abverlangten, welche als Basis für eine zukünftige Verteidigungspolitik dienen soll [25]. Der Beitrag von Djir-Sarai ist der einzige der FDP-Fraktion zu dieser Debatte, dennoch spielen die verstorbenen Soldaten in ihm eine bedeutende Rolle, abseits einer bloßen   Danksagung. Zum einen auf einer persönlichen Ebene, weil sie die

---

[22] https://dserver.bundestag.de/btp/19/19235.pdf#P.30402 (S.28 - (C), (D); S.29 - (A))

[23] https://ruediger-lucassen.de/biografie/

[24] https://dserver.bundestag.de/btp/19/19235.pdf#P.30402 (S.35 - (C))

[25] ebd. (S.31 - (A), (B), (C))

Sichtweise des Redners beeinflussten, zum anderen weil auch Djir-Sarai sie, wie vorher bereits die Abgeordneten der CDU/CSU und SPD, als maßgeblichen Einfluss auf die zukünftige Verteidigungspolitik betrachtet und sie zum Anlass einer Bilanzierung des Afghanistan-Einsatzes nehmen will.

2.7 Bundestagsfraktion die Linke

Aus der Fraktion der Linken leistete Dr. Dietmar Bartsch einen Beitrag. Bartsch fragt in seiner Rede, wofür die 59 Soldaten ihr Leben gegeben hätten. Neben ihnen erwähnt er jedoch auch andere Faktoren, welche zu einem Hinterfragen des Afghanistan-Einsatzes nötigten. Im Anschluss versichert er, dass seine Kritik sich lediglich an das Parlament, nicht jedoch an die Soldaten richtete. Bartsch verleiht den toten Soldaten in seiner Argumentation eine bedeutsame Rolle, weil sie, neben anderen Faktoren, Rechenschaft für den Afghanistan-Einsatz von der Bundesregierung verlangten. Auffällig in seiner Rede ist, dass er einer der wenigen Redner im Verlauf der Debatte ist, welcher gegenüber lebend zurückgekehrten und verstorbenen Soldaten keinen Dank ausspricht. Stattdessen sind die verstorbenen Soldaten, ähnlich wie in den Reden der AfD, ein fundamentales Argument der hinterfragenden Kritik an der bisherigen Verteidigungspolitik. Dieser Sachverhalt lässt an der Bedeutung der toten Soldaten für ihn und seine Partei außerhalb der Debatte Zweifel aufkommen [26].

2.8 Bundestagsfraktion Bündnis 90/ die Grünen

Die letzte Partei, die einen Beitrag zu der Debatte um den Afghanistan-Einsatz leistet, sind die Grünen. Sie werden, wie die FDP und Linke vor ihnen, nur von einem Abgeordneten vertreten, Omid Nouripour. Er bedankt sich, wie der Großteil der anderen Redner, bei den Soldaten für ihren Dienst und betont ihr Recht auf eine sachlich-objektive Auswertung des Einsatzes. Die repräsentativen Aussagen Nouripours, die auf die Rolle der verstorbenen Soldaten für seine Partei schließen lassen, ähneln denen von Bojan Djir-Sarai (FDP) stark. So sieht auch er in den

---

[26] https://dserver.bundestag.de/btp/19/19235.pdf#P.30402 (S.32 - (A))

gefallenen Soldaten ein wirksames Argument für eine Rekapitulation des Afghanistan-Einsatzes. Argumente die auf eine persönliche Bedeutung der Soldaten für ihn hindeuten trägt er nicht vor [27].

2.9 Zusammenfassung der Unterschiede und Gemeinsamkeiten der Beiträge aus der Debatte

Betrachtet man die gesamte Debatte, ist der erste erkennbare Konsens , dass alle Parteien, bis auf die der extremen Ränder, den Soldaten gegenüber ihren Dank aussprechen. Die verstorbenen Soldaten spielen also dahingehend eine Rolle, dass wir ihnen und ihren Opfern zum Dank verpflichtet seien, weil sie ihr Leben für das Gemeinwohl gegeben haben. Eine weitere Charakteristik, die sich, wenn auch in unterschiedlicher Form, bei allen Parteien außer den bereits genannten Ausnahmen, finden lässt, ist die symbolische Bedeutung der toten Soldaten. In diesem Fall werden zwei Sichtweisen geboten: Zum einen die Verleihung eines mahnenden Symbolcharakters, welcher zukünftige Regierungen in der verteidigungspolitischen Entscheidungsfindung begleiten soll. Die symbolische Rolle als Begleiter und Mahnmal für die zukünftige Verteidigungspolitik, wird vor allem von der CDU/CSU repräsentiert. Zum anderen werden die Gefallenen als Ansporn für die Politik betrachtet eine selbstkritische, ausführliche Bilanzierung des Afghanistan-Einsatzes durchzuführen. Diese Sichtweise wird von einzelnen Mitgliedern der CDU/CSU, den Grünen und der SPD vertreten. Die FDP vertritt in ihren Beiträgen beide Sichtweisen. Für einige der Redner spielen die Soldaten eine bedeutendere Rolle, da sie ihnen einen prägenden Einfluss auf ihre Sichtweise des Konflikts zusprechen, beispielhaft seien hier Bojan Djir-Sarai (FDP) und Christian Schmidt (CDU/CSU) genannt.

Es fällt auf, dass AfD und Linke, eigentlich Vertreter politischer Gegenpole, eine ablehnende Haltung gegenüber dem Afghanistan-Einsatz teilen. Der Vertreter der Linken, Dr. Dietmar Bartsch, erwähnt die Soldaten zwar in seiner Rede, verleiht ihnen aber lediglich die Rolle eines Arguments gegen den Afghanistan-Einsatz und die diesbezüglichen Entscheidungen der Bundesregierung. Das Fehlen einer dankenden Würdigung der Arbeit der Soldaten lässt sich mit

---

[27] https://dserver.bundestag.de/btp/19/19235.pdf#P.30402 (S.33 - (C)

der generellen Ablehnung des Einsatzes erklären[28]. Die Reden der AfD ähneln in ihren Kritikpunkten der von Dr. Bartsch. Beide Parteien vertreten hinsichtlich des Afghanistan-Einsatzes ausnahmsweise ähnliche Standpunkte, welche sich jedoch bereits in ihrer Haltung gegenüber der Bundeswehr erneut scheiden [29].

[28] https://www.linksfraktion.de/themen/a-z/detailansicht/afghanistan-krieg/

[29] https://www.afd.de/wp-content/uploads/sites/111/2021/06/20210611_AfD_Programm_2021.pdf (S. 66-67)

3. Rolle der gefallenen Bundeswehrsoldaten in der medialen Debatte anhand des Beispiels der Printmedien

3.1 einleitende Worte zu der angewandten Vorgehensweise und dem verwendeten Beispiel

In diesem Teil der Analyse soll es um die mediale Berichterstattung über die gefallenen Bundeswehrsoldaten gehen. Für diese Auswertung nutze ich Online-Artikel diverser Zeitungen und öffentlich rechtlicher Fernseh- und Radiosender. Da die toten Soldaten selbst in der medialen Debatte über den Afghanistan-Einsatz weniger als kontroverse Thematik, als als trauriger Fakt behandelt wurden, wird diese Analyse auf einem anderen, eng verwandten Sachverhalt aufbauen. Das Ereignis und die einhergehende Debatte, an der das Verhältnis und der Umgang der Medien mit gefallenen Soldaten und der Erinnerungskultur um die Bundeswehr illustriert werden soll, ist der Zapfenstreich am 13.10.2021. Dieses Ereignis löste eine mediale Debatte über die Erinnerungskultur in der Bundesrepublik aus. Anhand der Analyse der Berichterstattung lässt sich erkennen, wie die zivilen Mitglieder der Gesellschaft die Erinnerungskultur der Bundeswehr wahrnehmen. Es zeigen sich auch verschiedene Ansätze, wie die Medien dieses heikle Thema aufgreifen und welche Positionen sie in ihren Berichten betrachten. Letztlich lassen sich aus dieser Analyse auch Schlüsse auf die breitere Gesellschaft ziehen. Vor allem hinsichtlich der Frage, wie die zivile Gesellschaft die Erinnerungskultur der Bundeswehr wahrnimmt. Für eine adäquate Beantwortung letzterer Frage werde ich die Monographie „Bedingt erinnerungsbereit: Soldatengedenken in der Bundesrepublik" nutzen.

3.2 Berichterstattung über den und Kritik am Zapfenstreich vom 13.10.2021

Zu Beginn der Analyse werde ich die zwei Artikel in Kommentarform untersuchen, welche ich zu diesem Thema fand. Der erste dieser Kommentare stammt von der Reporterin Susanne Gaschke und wurde am 14.10.2021 auf welt.de veröffentlicht[30]. In ihrem Kommentar problematisiert sie die öffentliche Kritik am Zapfenstreich, welche diesen als Erbe aus der NS-Zeit zu Unrecht diffamiert hätte. Sie erläutert die Symbolik, die sie selbst in dem Zapfenstreich

---

[30] https://www.welt.de/debatte/kommentare/article234415486/Bundeswehr-Ehrung-Die-masslose-Kritik-am-Zapfenstreich-vor-dem-Reichstag.html

sieht und hebt die positiven historischen und kulturellen Aspekte, die dieser für die Bundeswehr habe, hervor. Der zweite Kommentar wurde von Berthold Kohler verfasst und am 13.10.2021 auf faz.de veröffentlicht[31]. In seinem Kommentar stellt er, begründet durch die verstorbenen Soldaten und generelle Bilanz des Afghanistan-Einsatzes, die Forderung, dass die Bundesregierung für zukünftige Einsätze realistischere Ziele formulieren solle. Den Zapfenstreich selbst sieht er als notwendigen Dank für das, aus seiner Sicht unnötig große Opfer der Soldaten an. Zwei Artikel basieren auf Gesprächen mit Veteranen der Bundeswehr, die in Afghanistan gedient haben. Der erste derartige Artikel erschien am 13.10.2021 auf deutschlandfunknova.de[32]. In ihm äußert sich der Offizier Wolf Gregis zu dem Zapfenstreich und dem Afghanistan-Einsatz. Moderiert wurde dieses Gespräch durch Diane Hielscher. Gregis betrachtet das Verhalten der Politik gegenüber den aus Afghanistan zurückgekehrten Soldaten kritisch. Im weiteren Verlauf sagt er aus, dass er in Afghanistan durchaus Fortschritte registriert habe und die negative Entwicklung nach dem Truppenabzug vermeidbar gewesen wäre. In dem zweiten Artikel wird Corinna Kirchhöfer, eine Veteranin der Bundeswehr, von André Hatting interviewt. Dieses Gespräch wurde im Rahmen eines Artikels am 13.10.2021 auf deutschlandfunkkultur.de veröffentlicht[33]. Kirchhöfer kritisiert den Zapfenstreich und sagt, dieser werde dem Leid der Soldaten, während und nach dem Einsatz, nicht gerecht. Sie selbst fühle sich und andere Soldaten von der Zeremonie nicht hinreichend repräsentiert und hätte eine emotionalere, nähere Ehrung der Soldaten bevorzugt. Zum Ende des Artikels hebt sie lobend hervor, dass sich ein politischer Wandel zu vollziehen scheine, welcher zu mehr Fürsorge für die vom Einsatz gezeichneten Soldaten führe. Der Artikel von Julian Dorn vom 13.10.2021 veröffentlicht auf fr.de, fokussiert sich größtenteils auf die Kritik der Oppositionsparteien (Legislaturperiode 2017-2021) und Friedensorganisationen am Zapfenstreich[34]. In dem Artikel „Politiker würdigen den Einsatz der Bundeswehr in Afghanistan", veröffentlicht am 13.10.2021 auf tagesspiegel.de[35], werden die Aussagen und Reden von Verteidigungsministerin Kramp-

---

[31] https://www.faz.net/aktuell/politik/inland/bundeswehr-in-afghanistan-was-wir-den-soldaten-schulden-17583495.html

[32] https://www.deutschlandfunknova.de/beitrag/grosser-zapfenstreich-weiter-kritik-trotz-ehrung-der-afghanistan-veteran-innen

[33] https://www.deutschlandfunkkultur.de/afghanistan-veteranin-zum-grossen-zapfenstreich-ich-warte-100.html

[34] https://www.fr.de/politik/afghanistan-bundeswehr-fdp-kritik-bunderegierung-zapfenstreich-taliban-angela-merkel-frank-walter-steinmeier-news-91049213.html

[35] https://www.tagesspiegel.de/politik/grosser-zapfenstreich-in-berlin-politiker-wuerdigen-einsatz-der-bundeswehr-in-afghanistan/27700922.html

Karrenbauer, Innenminister Seehofer und Bundespräsident Steinmeier behandelt. Der Narrativ, der in diesem Artikel verfolgt wird, ist der Aufruf, Lehren für die verteidigungs- und außenpolitische Zukunft aus dem Afghanistan-Einsatz zu ziehen. Unterstrichen wird dies durch die Eingliederung der Forderung von André Wüstner, dem Vorsitzenden des Bundeswehrverbands, nach einer neuen Strategie bei der Zielsetzung für derartige Einsätze. Es fällt auf, dass in dieser Pressemeldung keine Kritik am Zapfenstreich erwähnt wird. Der letzte Artikel eines privaten Verlages, den ich zu dieser Thematik betrachten möchte, stammt von rnd.de und wurde am 13.10.2021 publiziert[36]. In ihm greifen die Autoren Markus Decker und Kristina Dunz die Kritik an der ursprünglichen Umgangsweise der Politik mit den zurückgekehrten Soldaten im Juni 2021 auf. Anschließend vergleichen sie diesen ersten Empfang mit dem nach der Evakuierungsaktion und erwähnen das Lob eines Soldaten für Steinmeiers Rede. Auch in diesem Artikel werden kritische Stimmen nicht direkt aufgegriffen, allerdings in Form einer Randnotiz von Protesten erwähnt. Die Pressemeldungen von tagesschau.de[37] und rbb24.de[38], welche beide am 13.10.2021 herausgegeben wurden, ähneln sich stark. Beide präsentieren ein nuanciertes Bild des Zapfenstreichs, zum einen von einer selbstkritischen Politik, die den Soldaten für ihren Einsatz dankt und zum anderen von Friedensorganisationen und der Linken, die den Zapfenstreich und seine Symbolik kritisieren.

Die Berichterstattung in den untersuchten Medien gestaltet sich zusammengefasst sehr nuanciert, es werden verschiedenste Positionen berücksichtigt. Der klare Fokus der Berichte liegt in den meisten Fällen auf den Redebeiträgen der anwesenden Politiker. Einige Artikel ergänzen die Wiedergabe der Beiträge um die Reaktionen von Soldaten der Bundeswehr auf diese und den Zapfenstreich. Kritik am Zapfenstreich selbst spielt in den Pressemitteilungen eine nebengeordnete Rolle, wird aber aufgegriffen. In den Kommentaren wird der Zapfenstreich hauptsächlich positiv betrachtet und Kritik an ihm problematisiert.

3.3 Einordnung der Ergebnisse mithilfe wissenschaftlicher Fachliteratur

---

[36] https://www.rnd.de/politik/afghanistan-einsatz-grosser-zapfenstreich-und-selbstkritik-6Y66DRCCVVA73ONR5TIGRZ7DYE.html

[37] https://www.tagesschau.de/inland/bundeswehr-afghanistan-183.html

[38] https://www.rbb24.de/politik/beitrag/2021/10/grosser-zapfenstreich-reichstag-berlin-soldaten-afghanistan-einsatz.html

Eine erste Gemeinsamkeit, welche sich zwischen meiner Analyse der aktuellen medialen Debatte und den Ergebnissen der Fachliteratur finden lässt, ist der Fokus der Berichterstattung auf negativen Aspekten [39]. Positive Einflüsse des Afghanistan-Einsatzes werden wenig bis kaum aufgegriffen, während die Fehler und Lehren für die Zukunft aus dem Einsatz die Berichterstattung als Leitmotive dominieren. Eine bedeutende Schlussfolgerung, die sich durch die Übertragung der Fachliteratur auf den untersuchten Sachverhalt treffen lässt, stellt der Einfluss der medialen Berichterstattung auf das gesellschaftliche Meinungsbild dar [40]. Es ist davon auszugehen, dass die untersuchten digitalen Medien einen, zu dem der Printmedien analogen, Einfluss auf das Meinungsbild innerhalb der Bevölkerung haben. Dementsprechend hätte eine Berichterstattung, die den Zapfenstreich zwar lobt, aber Kritikpunkte am Afghanistan-Einsatz verstärkt thematisiert zur Folge, dass das Meinungsbild der Bevölkerung sich, unter Berücksichtigung diverser anderer Faktoren, dem Fokus der medialen Berichte anpassen würde. Angewandt auf den untersuchten Sachverhalt würde dies bedeuten, dass die Ehrung der gefallenen Soldaten positiv wahrgenommen würde, das Ergebnis ihrer Arbeit und somit in gewisser Weise ihr Vermächtnis, würde von der Gesellschaft kritisch angesehen werden.

In der Literatur wird ein weiterer Aspekt aufgegriffen, welcher sich nahezu vollständig auf den Zapfenstreich übertragen lässt. In der Literatur wird die öffentliche Kritik am Ehrendenkmal am Bendlerblock beschrieben, die sich in diesem Fall durch ein Wiederstreben gegen das öffentliche Gedenken an das Opfer von Soldaten äußert [41]. Auch in diesem Fall führten Kritiker die nationalsozialistische Seite der deutschen Militärgeschichte als Argument gegen ein öffentlichkeitswirksames Gedenken an. Eben diese Assoziation der militärischen Erinnerungskultur und des Gedenkens an das Opfer der Soldaten, bot die Basis für die Ablehnung des Zapfenstreichs durch politische Organisationen und NGOs.

Eine Diskrepanz zwischen den Ergebnissen aus der Fachliteratur und meiner Analyse, liegt in der Aversion der Politik, den Tod deutscher Soldaten in das Rampenlicht der Öffentlichkeit zu tragen

---

[39] https://digi20.digitale-sammlungen.de/de/fs1/object/display/bsb00083422_00153.html?zoom=1.00 (S.155)

[40] ebd. (S.156-159)

[41] eb. d. (S.163-164)

42. Während in der Fachliteratur beschrieben wird, dass deutsche Politiker die öffentliche Diskussion zu dieser Thematik scheuen, bringen Merkel, Steinmeier und Kramp-Karrenbauer den Tod der Soldaten bewusst durch den medienwirksamen Zapfenstreich in den öffentlichen Fokus.

---

42 https://digi20.digitale-sammlungen.de/de/fs1/object/display/bsb00083422_00153.html?zoom=1.00 (S. 171-172)

4. Fazit

In mindestens einem Beitrag jeder Partei spielten die gefallenen Soldaten eine Rolle, in manchen Beiträgen war sie von großer Bedeutung und prägend für die Position des Redners, in anderen Beiträgen war sie nebengeordnet. Dennoch waren die toten Soldaten, ungeachtet ihrer Rolle für den Redner, stets präsent. Für den Großteil der Abgeordneten steht fest, dass sie der Politik Rechenschaft für die, in den vergangenen 20 Jahren getroffenen Entscheidungen , abverlangen. Nicht jede Partei steht der Arbeit der Soldaten und der Motivation hinter ihrem Opfer positiv gegenüber, vor allem die extremen Ränder fallen durch eine kritische Haltung gegenüber dem Vermächtnis der Verstorbenen auf. Aber inwieweit dieser Position Ideologien oder eine am Beispiel begründete Kritik zugrunde liegen, ist, meiner Meinung nach, fraglich. Mehrere Redner riefen in ihren Beiträgen zu einem öffentlichen Erinnern an die Gefallenen auf. Nach der Rückkehr der letzten Soldaten aus dem regulären Einsatz in Afghanistan, kam weder die Bundeskanzlerin, Verteidigungsministerin oder ein Mitglied des Verteidigungsausschusses diesem Aufruf nach [43]. Dieses Verhalten folgte dem bewährten politischen Narrativ, Militär und vor allem die militärische Erinnerungskultur aus dem Fokus der Öffentlichkeit zu halten. Die Öffentlichkeit reagierte auf dieses Verhalten und übte scharfe Kritik. Belehrt durch diese Kritik erfolgte im Anschluss an die Evakuierungsaktion am 13.10.2021 ein großer Zapfenstreich, an welchem die Bundeskanzlerin, die Verteidigungsministerin und der Bundespräsident teilnahmen.

Diesem Ereignis und seiner medialen Wahrnehmung widmete ich den zweiten Teil meiner Hausarbeit. In den Medien erfuhr diese Gedenkfeier eine größtenteils positive Wahrnehmung. Kritik äußerten die Medien hingegen an der Politik und dem Afghanistan-Einsatz. Mithilfe der Fachliteratur schlussfolgerte ich, dass die Berichterstattung über diese Zeremonie einen entscheidenden Einfluss auf das öffentliche Meinungsbild haben könnte. Innerhalb der breiteren Gesellschaft bot sich ein zerklüftetes Meinungsbild zum Zapfenstreich, wo viele eine würdige Erinnerung an das Opfer der Soldaten sahen, wähnten andere einen Rückfall in die Bräuche der dunkelsten Stunde der deutschen Geschichte. Letztere Assoziationen traten bereits mehrmals bei Aufeinandertreffen der militärischen Erinnerungskultur und ziviler Gesellschaft auf. Die Medien

---

[43] https://www.deutschlandfunkkultur.de/afghanistan-veteranin-zum-grossen-zapfenstreich-ich-warte-100.html

nahmen die Kritik am Zapfenstreich als weitestgehend unangebracht wahr und lobten die Zeremonie.

Die Äußerungen von Veteranen in den Medien bezüglich des Zapfenstreichs fallen differenziert aus. Die Erinnerung an die Gefallenen wird zwar begrüßt, jedoch fand sie nicht aus jeder Perspektive in einem ausreichenden Maßstab statt. Die Veteranen verlangen mehr von der Politik: eine ehrliche Bilanzierung und eine weitreichendere Unterstützung für die lebenden Rückkehrer. Die Politik müsse noch weitere Schritte in Richtung der Soldaten unternehmen.

Nachdem ich alle Fragen, die ich am Anfang meiner Arbeit formuliert habe, beantworten konnte, möchte ich zum Schluss meiner Sichtweise bezüglich dieser Thematik Ausdruck verleihen. Meiner Meinung nach hat die Politik die richtigen Schlüsse gezogen, sie sollte aber gerade jetzt Konsequenz in deren Umsetzung demonstrieren. Den Zapfenstreich nehme ich positiv war, vor allem die Tatsache, dass diese Wahrnehmung weit verbreitet zu seien scheint, lässt Hoffnung für die Entstehung eines engeren Bündnisses zwischen Gesellschaft und Bundeswehr aufkommen. Die Kritik der Medien am Afghanistan-Einsatz mag gerechtfertigt sein, dennoch teile ich die Meinung von Offizier Gregis, dass der Einsatz definitiv positive Einflüsse für Afghanistan und seine Einwohner hatte. Diese Seite des Einsatzes wird in meiner Sicht unterrepräsentiert. Wenn die Medien die positiven Aspekte des Afghanistan-Einsatzes nicht aufgreifen, stellt dies die Arbeit und das Vermächtnis der Soldaten, meiner Meinung nach infrage. Wenn wir den Gefallenen würdevoll gedenken möchten, sollten wir dann nicht auch die Früchte ihrer Arbeit wertschätzen? Besonders kritisch sehe ich die Assoziation des Zapfenstreichs mit der NS-Zeit. Was viele Kritiker leider zu vergessen scheinen, ist, dass die Soldaten unserer Bundeswehr für die exakt entgegengesetzten Ideale des Nationalsozialismus ihr Leben riskieren und teils auch verlieren. Ist es wirklich richtig, den designierten Wächtern unserer Demokratie Nähe zu nationalsozialistischen Bräuchen oder Gedankengut zu unterstellen? Wir alle nehmen die Arbeit der Soldaten unterschiedlich wahr, aber wir sollten nicht vergessen, dass diese Menschen ihr Leben im Namen unseres Volkes und seiner Werte gaben.

Literaturverzeichnis

I. Fachbücher

Hettling, Manfred (Hrsg.): Bedingt erinnerungsbereit - Soldatengedenken in der Bundesrepublik, Göttingen 2008

II. Internetadressen

- https://www.afd.de/wp-content/uploads/sites/111/2021/06/20210611_AfD_Programm_ 2021.pdf (2021) , 05.12.2021

- https://www.bmvg.de/de/bilanz-zum-afghanistan-einsatz (30.09.2021), 05.12.2021

- https://www.bpb.de/politik/extremismus/islamismus/36377/taliban (20.09.2011), 05.12.2021

- https://www.bpb.de/politik/grundfragen/deutsche-verteidigungspolitik/238332/afghanistan-einsatz (15.12.2016), 05.12.2021

- https://www.bpb.de/politik/hintergrund-aktuell/334345/nach-20-jahren-nato-truppenabzug-aus-afghanistan (07.06.2021), 05.12.2021

- https://www.bundespraesident.de/SharedDocs/Reden/DE/Frank-Walter-Steinmeier/Reden/ 2021/10/211013-Wuerdigung-Afghanistan-Einsatz.html?nn=9042544 (13.10.2021), 05.12.2021

- https://www.bundesregierung.de/breg-de/suche/afghanistan-aktuell-1951410 (27.08.2021), 05.12.2021

- https://www.bundestag.de/ausschuesse/a12_Verteidigung/auslandseinsaetze/auslandseinsaetze/ rsm-542550 (keine Angaben), 05.12.2021

- https://www.bundestag.de/dokumente/textarchiv/2021/kw25-de-aktuelle-stunde-afghanistan-846928 (2021), 05.12.2021

- https://www.bundeswehr.de/de/ueber-die-bundeswehr/gedenken-tote-bundeswehr/todesfaelle-bundeswehr (keine Angaben), 05.12.2021

- https://www.bundeswehr.de/de/aktuelles/mediathek/afghanistan-einsatz-zwei-veteranen-blicken-zurueck-5229780 (14.10.2021), 05.12.2021

- https://www.bundeswehr.de/de/aktuelles/meldungen/evakuierung-afghanistan (27.08.2021), 05.12.2021

- https://www.deutschlandfunkkultur.de/afghanistan-veteranin-zum-grossen-zapfenstreich-ich-warte-100.html (13.10.2021), 05.12.2021

- https://www.deutschlandfunknova.de/beitrag/grosser-zapfenstreich-weiter-kritik-trotz-ehrung-der-afghanistan-veteran-innen (13.10.2021), 05.12.2021

- https://digi20.digitale-sammlungen.de/de/fs1/object/display/bsb00083422_00153.html?zoom=1.00 (keine Angaben), 05.12.2021

- https://dserver.bundestag.de/btp/19/19235.pdf#P.30402 (23.06.2021), 05.12.2021

- https://www.faz.net/aktuell/politik/inland/bundeswehr-in-afghanistan-was-wir-den-soldaten-schulden-17583495.html (13.10.2021), 05.12.2021

- https://www.fr.de/politik/afghanistan-bundeswehr-fdp-kritik-bunderegierung-zapfenstreich-taliban-angela-merkel-frank-walter-steinmeier-news-91049213.html (13.10.2021), 05.12.2021

- https://www.linksfraktion.de/themen/a-z/detailansicht/afghanistan-krieg/ (keine Angaben), 05.12.2021

- https://lordslibrary.parliament.uk/timeline-of-taliban-offensive-in-afghanistan/ (17.08.2021), 05.12.2021

- https://www.nato.int/cps/en/natohq/topics_69366.htm (19.08.2021), 05.12.2021

- https://www.nato.int/cps/en/natohq/topics_113694.htm (13.09.2021), 05.12.2021

- https://www.rbb24.de/politik/beitrag/2021/10/grosser-zapfenstreich-reichstag-berlin-soldaten-afghanistan-einsatz.html (13.10.2021), 05.12.2021

- https://www.rnd.de/politik/afghanistan-einsatz-grosser-zapfenstreich-und-selbstkritik-6Y66DRCCVVA73ONR5TIGRZ7DYE.html (13.10.2021), 05.12.2021

- https://ruediger-lucassen.de/biografie/ (keine Angaben), 05.12.2021

- https://www.tagesschau.de/inland/bundeswehr-afghanistan-183.html (13.10.2021), 05.12.2021

- https://www.tagesspiegel.de/politik/grosser-zapfenstreich-in-berlin-politiker-wuerdigen-einsatz-der-bundeswehr-in-afghanistan/27700922.html (13.10.2021), 05.12.2021

- https://www.un.org/depts/german/sr/sr_01-02/sr1368.pdf (2001), 05.12.2021

- https://www.welt.de/debatte/kommentare/article234415486/Bundeswehr-Ehrung-Die-masslose-Kritik-am-Zapfenstreich-vor-dem-Reichstag.html (14.10.2021), 05.12.2021

- https://www.youtube.com/watch?v=qkaI2cFvvZs (28.06.2021), 05.12.2021